AF358306

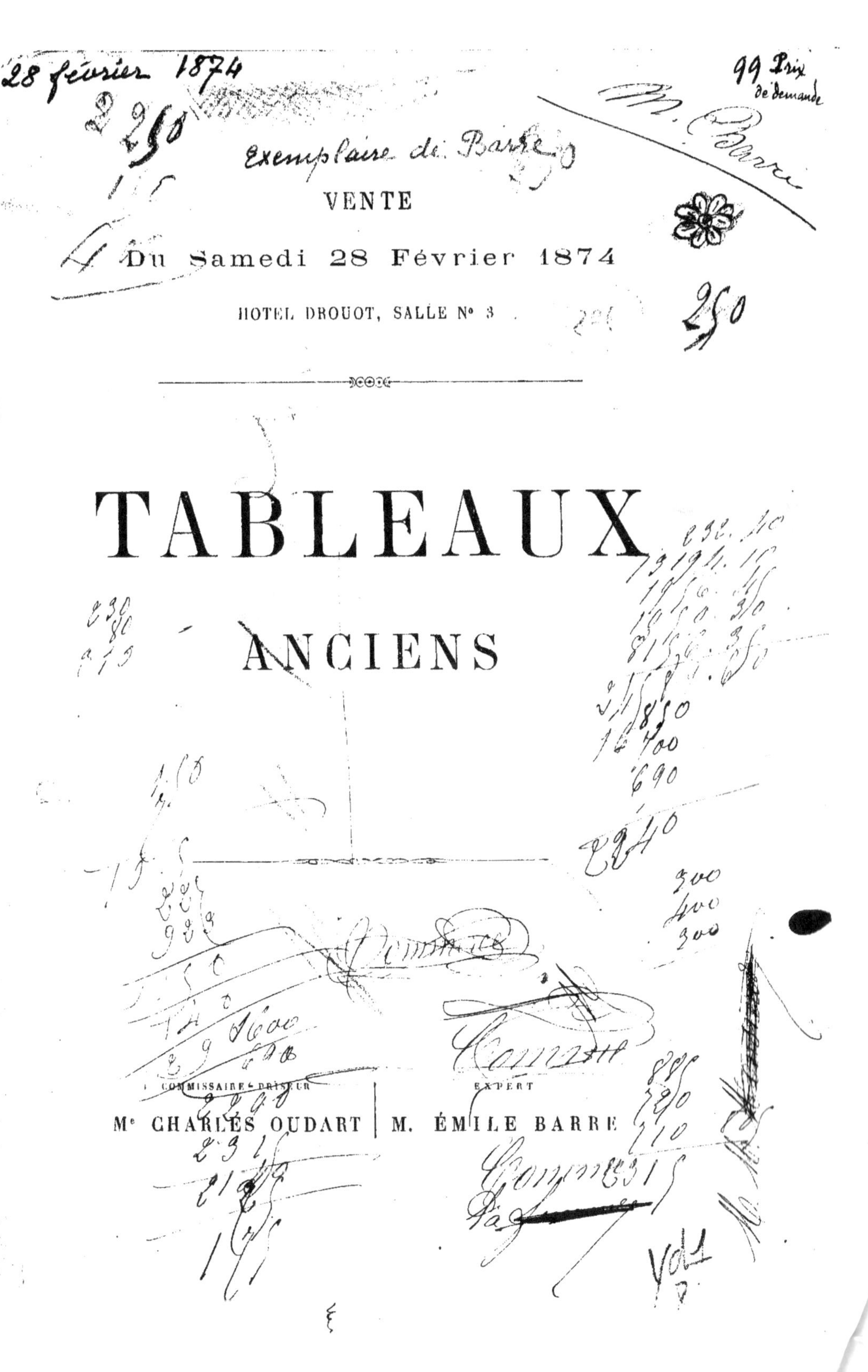

VENTE

Du Samedi 28 Février 1874

HOTEL DROUOT, SALLE N° 3

TABLEAUX

ANCIENS

COMMISSAIRE-PRISEUR | EXPERT

Mᵉ CHARLES OUDART | M. ÉMILE BARRE

CONDITIONS DE LA VENTE.

Elle sera faite au comptant.

Les acquéreurs payeront *cinq centimes par franc*, en sus des enchères, applicables aux frais.

L'Exposition mettant les Adjudicataires à même de se rendre compte de l'état et de la nature des objets, il ne sera admis aucune réclamation une fois l'adjudication prononcée.

CATALOGUE

DE

TABLEAUX

ANCIENS

PRINCIPALEMENT DES ÉCOLES

HOLLANDAISE, FRANÇAISE ET FLAMANDE

Dont la vente aura lieu

HOTEL DROUOT, SALLE N° 3

Le Samedi 28 Février 1874

A DEUX HEURES ET DEMIE

COMMISSAIRE-PRISEUR | EXPERT
M° CHARLES OUDART | M. ÉMILE BARRE
31, rue Le Peletier | 20, Chaussée-d'Antin

Chez lesquels on trouve le Catalogue

EXPOSITIONS

PARTICULIÈRE | PUBLIQUE
Le Jeudi 26 Février 1874 | Le Vendredi 27 Février 1874

DE 1 HEURE 1/2 A 5 HEURES 1/2

DÉSIGNATION

BLANCHARD (J.)

1. — Sainte Famille.

> Composée de la Vierge, de l'Enfant Jésus et de Saint-Jean qui lui présente un oiseau.
>
> Tableau peint sous l'inspiration d'André del Sarte. Riche bordure en bois sculpté.

BOUCHER (F.)

2. — Portrait d'une Jeune fille; pastel.

BOUT et BAUDWEINS

3. — Port de mer avec un grand nombre de figures

BRÉDEL (le Chevalier)

4. — Bataille.

BRÉDEL (LE CHEVALIER)

5. — Bataille.

Ces deux tableaux forment pendants.

CARRACHE (*École de*)

6. — Bacchanale.

Petit tableau d'une bonne et vigoureuse couleur.

CARRÉ (MICHEL)

7. — Marche d'Animaux.

CHARDIN

8. — Intérieur de foyer.

CHARPENTIER

9. — Le galant Jardinier.

DIÉTRICK

10. — Scène galante dans un parc, imitée de Watteau.

DOW (Gérard)

11. — Vieillard lisant.

DUJARDIN (Karel)

12. — Halte de Bohémiens auprès de monuments en ruines.

DUMONT (*dit* le Romain)

13 — Portraits d'une famille entière, dans laquelle se re-
marquent surtout la tête de la mère, peinte à la
Chardin et trois jeunes filles.

Grand tableau très-bien conservé.

DROOGSLOOT

(Signé et daté)

14. — Les Misères de la guerre.

ELIAERT (J.-F.)

(Signé)

15. — Fruits et Insectes.

Tableau très-fin et d'une touche qui rappelle Van Spaëndonk.

GOYEN (VAN)

16. — Village au bord d'un canal.

HÉDA (VAN)

17. — Nature morte.

HEEM (DAVID DE)

18. — Fruits posés sur une table couverte d'un tapis.

HEINSIUS

19. — Portrait de femme en costume Louis XVI.

HOET (GÉRARD)

20. — Le Génie des Arts résistant aux séductions de l'Amour.

HONDEKOETER

21. — Coqs et poules.

HOUEL

22. — Vue de la pièce d'eau des Suisses, à Versailles.

HUET

23. — Sujet pastoral.

LAGRENÉE

24. — Le Départ d'Adonis.

LANCRET (ÉCOLE DE)

25. — La Conversation dans le parc.

LARGILLIÈRE

26. — Portrait de Dame en costume de l'époque de Louis XIV.

LECLERC DES GOBELINS

27. — La Danse champêtre.

LONGHI

28. — Le Bal masqué.

LONGHI

29. — La Danse.

Ces deux tableaux font pendants.

LOO (KARL VAN)

30. — Portrait de jeune femme en costume Louis XV.

LOO (MICHEL VAN)

31. — Portrait d'un prince de Carignan.

LOO (J.-B. VAN)

32. — Portrait de jeune femme en costume de l'époque de
Louis XV.

MARIESKI

33. — Paysage italien avec ruines et figures.

MARILHAT

34. — Étude de paysages avec plusieurs petites figures.

MIGNARD

35. — Portrait de Mme de Grignan.

MIREVELT

(Daté 1635)

36. — Portrait d'homme à collerette blanche.

MOLENAER (J.-M.)

37. — Scène d'intérieur.

Une femme fait de la musique en présence de plusieurs personnes qui l'accompagnent en chantant.

MOMAT

(Élève de Greuze et de Durameau)

38. — Marie-Antoinette et Mme de Lamballe faisant l'aumône à un petit garçon accompagnant un vieillard blessé.

MOMAT

39. — Louis XVI donnant la croix de Saint-Louis à un jeune
officier auquel il présente une jeune femme.

Ces deux tableaux font pendants.

MONGIN

(Signé et daté)

40. — Très-belle Gouache représentant l'ancien parc Mon-
ceaux.

MURILLO

41. — Saint Jean enfant.

NEEFS (Peter)

42. — Intérieur de cathédrale.

NEER (Van der)

43. — Vue d'un canal de la Hollande, avec village dans le
fond.

NEER (Van der)

44. — Paysage ; effet de lune.

NETSCHER (Constantin)

45. — Portrait d'une jeune dame de la cour de Louis XIV.
tenant d'une main un livre et de l'autre une palme.

OSTADE

46. — Scène d'intérieur.

OSTADE (*École de*)

47. — Paysan faisant boire des chevaux à la porte d'une
auberge.

OSTERWYCK (Mme Van)

(Signé et daté)

48. — Bouquets de fleurs dans un vase.

PETERS (Bonaventure)

49. — Mer houleuse.

RIBEYRA

50. — Saint Jérôme.

RUBENS

51. — La Sortie du bain.

RUYSDAEL (Salomon)

52. — Paysage avec figures.

SOLIMÈNE

53. — Les Dieux de l'Olympe.

Bonne esquisse. — Sujet de plafond.

STEEN (Jean)

54. — Scène d'intérieur.

STOOP (N.-T.)

55. — Halte militaire à la porte d'une auberge.

Composition capitale.

TAUNAY (N.-A.)

56. — Scène de boxe sur la place de Trafalgar, à Londres.

Tableau d'une conservation parfaite.

TÉNIERS (David)

(Signé 1630.)

57. — Vénus chez Vulcain.

TÉNIERS

58. — L'Alchimiste.

THOMPSON

59. — Le Miroir.

TIÉPOLO

60. — Vierge en extase.

TIÉPOLO (*École de*)

61. — Hercule et Omphale.

TOCQUÉ

62. — Portrait d'une jeune Princesse de la Maison de France,
tenant un lis à la main.

TORRENBURG
(Signé et daté)

63. — Vue de la ville d'Amsterdam.

TORRENBURG
(Signé et daté)

64. — Le Pendant du précédent.

UTRECHT (Van)

65. — Gibier et fruits.

VALLAYER-COSTER (Mme)

65 *bis*. — Tête de jeune femme couronnée de fleurs.

VERNET (Joseph).

(Signé)

66. — Naufrage, effet de clair de lune.

VERTANGEN

67. — Le Repos de Vénus.

WALKENBURG

68. — Gibier et accessoires de chasse.

WATTEAU.

69. — Le Joueur de mandoline.

VATTEAU

70. — Le voyage à Cythère.

WYNANTS

(Signé)

71. — Paysage montagneux avec cours d'eau et figures.

ÉCOLE FRANÇAISE

72. — Portrait d'une jeune Femme.

ÉCOLE FRANÇAISE

73. — Portrait de jeune Femme.

ANCIENNE ÉCOLE ANGLAISE

74. — Portrait de Henri VIII.

ÉCOLE ANGLAISE

75. — Vue des bords du Rhin.

ÉCOLE ESPAGNOLE

76. — Portrait d'homme.

PARIS. — J. CLAYE, IMPRIMEUR, 7, RUE SAINT-BENOIT. — [345]